초등학생의 진로와 직업 탐색을 위한
잡프러포즈 시리즈 22

소아청소년과 의사는 어때?

차례

CHAPTER 01 소아청소년과 의사 최민정의 프러포즈
- 소아청소년과 의사 최민정의 프러포즈 … 10

CHAPTER 02 소아청소년과 의사는 누구인가요?
- 소아청소년과 의사란? … 15
- 구체적으로 하는 일은? … 16
- 꼭 필요한 소아 전문 진료 … 18
- 때로는 아이의 마음도 살펴요 … 20
- 아동학대가 의심되면 신고하는 의무도 … 21

CHAPTER 03 소아청소년과 의사가 되려면
- 공부하며 다양한 경험을 쌓아요 … 25
- 세심한 주의력과 배려하는 마음이 필요해요 … 26
- 영어는 필수! … 27
- 의과대학 진학하기 … 28
- 의대를 졸업할 때는 <제네바 선언>을 … 30
- 소아청소년과 전공의 1년 차의 하루는 고달파요 … 32

CHAPTER 04 소아청소년과 의사가 되면

- ☺ 소아청소년과 의사가 일하는 곳은? … 37
- ☺ 다양한 의료도구를 사용해 진료해요 … 38
- ☺ 해마다 보수교육은 필수 … 40
- ☺ 아이의 행동발달과 심리도 공부해요 … 42
- ☺ 표현하지 못하는 아픔까지 알아차려요 … 43
- ☺ 보호자와의 소통도 의사가 할 일 … 44
- ☺ 까다로운 아이들을 진찰하는 노하우도 … 46
- ☺ 도움이 필요할 때는 여러 과가 협력해요 … 48

CHAPTER 05 소아청소년과 의사의 매력

- ☺ 귀여운 아이들을 매일 볼 수 있어요 … 53
- ☺ 일터의 분위기가 밝아요 … 54
- ☺ 환자와 보호자로부터 따뜻한 격려를 받는 기쁨 … 56
- ☺ 육아하는 부모에게 도움을 줄 때 보람도 … 58
- ☺ 소아청소년과 의사는 환자들의 또 다른 가족 … 59
- ☺ 연구 성과가 좋았을 때의 성취감도 … 60

CHAPTER 06 소아청소년과 의사의 하루

- ☺ 소아청소년과 의사 최민정의 하루 … 64

소아청소년과 의사의 마음가짐

- ☺ 진료에 협조하지 않는 보호자는 힘들어요 ··· 73
- ☺ 의사도 직업병이 ··· 74
- ☺ 실수하거나 놓치는 게 있을까 걱정도 ··· 75
- ☺ 가족의 조언과 충분한 휴식으로 재충전 ··· 76
- ☺ 취미 생활로 여유를 찾아요 ··· 77

소아청소년과의 미래

- ☺ 소아청소년과 의사를 찾는 부모는 늘어날 거예요 ··· 81
- ☺ 인공지능이 발달해도 의사가 할 일은 따로 있어요 ··· 83
- ☺ 동네의 건강지킴이 역할도 ··· 84

소아청소년과 의사 최민정을 소개합니다

- ☺ 성실한 부모님 밑에서 자랐어요 ··· 89
- ☺ 인정받고 싶은 마음으로 열심히 공부했어요 ··· 90
- ☺ 좋아했던 과목은 한국지리 ··· 92
- ☺ 초·중·고 모두 개근상을 탔어요 ··· 93
- ☺ 다른 사람을 돕고 싶다는 꿈 ··· 94
- ☺ 우연히 의학책을 보고 진로를 바꿔 의과대학으로 ··· 96
- ☺ 레지던트 시절은 많이 힘들었어요 ··· 98
- ☺ 건강해진 아이들을 볼 때의 보람이 큰 기쁨으로 ··· 100
- ☺ 사회를 위해 제가 가진 재능으로 봉사하는 꿈을 꿔요 ··· 101
- ☺ 최민정의 또 다른 꿈은 그림책 작가! ··· 102

CHAPTER 10 — 10문 10답 Q&A

- Q1. 소아과는 어떻게 발전해 왔나요? … 107
- Q2. 우리나라 소아청소년과의 역사는? … 110
- Q3. 우리나라 최초의 소아청소년과 의사는? … 112
- Q4. 외국의 소아청소년과와 다른 점은? … 113
- Q5. 소아청소년과 의사의 연봉은? … 114
- Q6. 다른 분야로 진출할 수 있나요? … 115
- Q7. 닮고 싶은 의사가 있다면? … 116
- Q8. 기억에 남는 책은? … 119
- Q9. 개원의가 되는 방법은? … 120
- Q10. 저출산에 따른 영향이 있나요? … 121

CHAPTER 11 — 소아청소년과 의사 업무 엿보기

- 진료 기록부는 꼼꼼히 작성해요 … 125
- 응급상황엔 이렇게 대처해요 … 128
- 신생아와 소아의 예방접종 일정표 … 130

소아청소년과 의사 최민정의 프러포즈

안녕하세요. 저는 소아청소년과 전문의로 일하고 있는 최민정이에요. 아이들을 진료하며 행복한 걸 보면 이 일이 저의 천직인 것 같아요. 그런 만큼 진료를 받는 아이들에게는 최고의 의사가 되기 위해 최선을 다하고 있죠. 설명도 꼼꼼히 하려고 노력하고, 바쁜 시간을 쪼개 계속 공부도 하고요.

어릴 때부터 소아청소년과 의사를 꿈꾸었다거나, 처음부터 이 직업을 천직이라고 생각했던 것은 아니에요. 소아청소년과 수련 도중에 힘들어서 그만두려고 한 적도 있었고, 전문의가 되고 나서는 소아청소년과만의 어려움이 있다는 걸 알게 되었죠. 그래서 내 선택이 옳았던 걸까 하는 의문이 들었던 적도 있어요.

그러던 중 조병국 선생님의 『할머니 의사 청진기를 놓다』라는 책을 읽게 되었어요. 버려진 아이들, 입양아들을 위해 수십 년간 헌신해오신 그분의 책을 읽으면서 소아청소년과 의사만의 고귀한 사명에 대해 다시 한번 생각하게 되었죠. 그리고 마음을 다잡았어요. 때로 흔들리고 때로 고민도 했지만 그 시간들이 저를 더 단단하게 만들었고, 이제 웬만한 일에는 흔들리지 않게 되었어요.

의사가 되고 싶은데 어떤 과를 선택할까 고민하는 친구들이 있나요? 아팠던 아이들이 건강하게 웃는 모습을 보며 보람과 긍지를 느낄 수 있고, 고통의 순간에서 희망을 찾을 수 있고, 우리가 살고 있는 이 세상을 함께 사는 사회로 만들어주는 소아청소년과를 추천해요. 세상엔 우리의 도움이 꼭 필요한 곳이 있으니까요.

2장에서는?

소아와 청소년은 성장하는 과정에서 여러 질병에 걸릴 수 있어요. 소아청소년은 어떤 특성이 있길래 성인과 다른 진찰 방법이 필요할까요? 소아청소년과 의사가 하는 일도 구체적으로 알아보아요.

소아청소년과 의사란?

의사란 사전적인 의미로 일정 자격을 가지고 병을 고치는 것을 직업으로 하는 사람을 말해요. 그중에서도 소아청소년과 의사는 아이들의 발육과 발달을 체크하고 소아청소년의 질환에 대한 치료와 예방을 전문으로 하는 의사예요. 각종 혈액검사와 영상검사 등을 실시하여 질병을 찾아내고 적절한 치료와 처방을 하죠. 청소년기란 대체로 남자는 12~20세까지, 여자는 10~18세까지를 말해요.

세부 과목에 따라 다양한 과로 나눠지는데요. 소아청소년심장과, 소아청소년신장과, 소아청소년내분비과, 소아청소년호흡기·알레르기과, 소아청소년감염과, 소아청소년소아기·영양과, 소아청소년혈액·종양과, 소아청소년신경과, 신생아과가 있어요.

소아청소년의 정상적인 성장 발달을 위해 영유아 검진을 실시하고, 질병의 예방을 위해 예방접종 등의 업무도 담당해요.

구체적으로 하는 일은?

저는 지역에서 개원한 의사로 5세 이전의 어린이들, 특히 유치원이나 어린이집에 다니는 아이들을 주로 진료하고 있어요. 보통 이런 1차 의원이나 병원에는 기침, 콧물 등 호흡기 증상이나 구토, 복통, 설사, 변비 등 위장관 증상을 가진 환자가 주로 와요. 진찰 후 기관지염, 폐렴, 중이염, 축농증, 모세기관지염, 비염, 천식, 아토피 피부염, 장염, 변비 등의 진단을 내리고 치료를 하게 되죠. 정밀검사나 치료가 필요하다고 판단되면 상급종합병원에 의뢰하기도 해요. 그리고 빼놓을 수 없는 것이 예방접종이에요.

저처럼 개원한 의사는 진료 말고도 본인이 선택한 다양한 일을 하기도 해요. 예를 들어 학회나 지역사회에서 활동하거나 진료가 필요한 곳에서 봉사를 할 수도 있죠. 대학병원에서 교수를 겸하는 의사들은 진료뿐만 아니라 연구하고 논문을 쓰는 일도 중요해요. 병원에서 필요한 다른 활동도 하고요.

소아는 어른과 달리 더 잘 걸리는 병이 있어요.
같은 질병이라도 증상이 다르게 나타날 수도 있고요.
그래서 소아를 대상으로 하는 전문적인 진료가 꼭 필요해요!

꼭 필요한 소아 전문 진료

소아는 어른과 달리 더 잘 걸리는 질병이 있고, 같은 질병이라도 증상이 다르게 나타날 수 있어요. 예를 들어 5세 미만 아이들에게는 중이염이 잘 생기기 때문에 같은 감기라 하더라도 귀를 잘 봐줘야 하죠. 또한 생후 1개월 된 아기가 밤에 자지 않고 보챈다면 영아 산통에 대해서도 생각해 봐야 해요. 5세 이전의 아이가 열이 나면서 경기를 한다면 별문제가 되지 않지만, 5세가 넘어서 그런 증상이 있다면 추가 검사를 해야 하는 경우가 있고요. 이런 식으로 연령대별로 생길 수 있는 질병에 따라 아이를 진찰하고 치료해야 하는 경우가 많이 생기기 때문에 소아만 진료하는 의사는 꼭 필요해요.

초등학생 이상의 아이 중 일부는 내과나 이비인후과 같은 곳에 가서 치료를 받기도 해요. 그렇지만 5세 미만인 경우는 대부분 소아청소년과로 와요. 연령별로 생기는 질환의 특성들에 대해 다른 과 의사들은 잘 알지 못하기 때문이에요. 게다가 아이들의 경우 약의 용량을 개인의 몸무게에 맞춰 처방해야 하는데, 세심하게 처방하지 않거나 아이들이 먹으면 졸음 등의 부작용이 생기는 약을 처방하는 경우도 가끔 있어요.

때로는 아이의 마음도 살펴요

배가 아프다고 진료를 보러 오는 아이들이 많아요. 복통의 경우 마음의 문제가 그 원인인 경우가 있어요. 이때는 보호자에게 최근에 아이에게 변화는 없었는지 아이의 상태를 자세하게 물어요. 그러면 마음의 문제로 배가 아프게 느껴지는 경우를 좀 더 구별하기 쉬워요. 청진기를 대고 진찰만 해서는 알 수 없는 부분이 있으니까요. 이렇게 마음 상태까지 생각하며 진료하는 게 우리 소아청소년과 의사만이 할 수 있는 역할이라고 생각해요.

의사소통이 어려운 영유아의 경우 보호자는 아이가 평소와 다른 점은 없는지 잘 살펴야 해요. 예를 들어 밥은 잘 먹는지, 활동적으로 움직이는지, 대소변의 양이 너무 적지는 않은지 등을 자세히 보고 사소한 변화도 놓치지 않는 게 중요해요. 의사 역시 보호자가 얘기하는 아이의 증상을 듣고 빈틈없이 살펴야 정확한 진단을 할 수 있어요.

아동학대가 의심되면 신고하는 의무도

우리 법에는 일하는 과정에서 아동과 밀접하게 접촉하는 사람을 아동학대 신고 의무자로 규정하고 있어요. 의료법에 의료기관의 장과 그 의료기관에 종사하는 의료인 및 의료기사 역시 아동학대 신고 의무자로 되어 있고요. 이들은 아동학대 범죄를 알게 되거나 의심되는 경우 즉시 112번으로 신고해야 하죠. 알고도 신고하지 않거나, 의심이 드는데도 신고 의무를 하지 않으면 과태료가 부과돼요.

3장에서는?

소아청소년과 의사가 되려면 어떤 경험을 쌓고, 어떤 준비를 하면 도움이 될까요? 의사가 되기 위해 힘든 과정도 있다는데 극복하는 방법도 알아보아요.

공부하며 다양한 경험을 쌓아요

의과대학에 들어가려면 우선 공부를 잘해야 해요. 그렇다고 공부만 하지 말고 학창 시절에 다양한 경험을 해보고 책도 많이 읽어서 다른 사람에게 공감할 수 있는 풍부한 정서를 가진 사람이 되었으면 좋겠어요. 이런 경험들은 좋은 의사가 되기 위해 필요한 인성적 바탕이 됨과 동시에 자신의 진로를 찾는 데도 도움이 되니까요. 또한 경험을 쌓는 과정을 통해 얻게 된 것들이 성인이 된 후에도 우리의 인생을 더욱 풍요롭게 만들어주기도 하지요.

세심한 주의력과 배려하는 마음이 필요해요

무엇보다 아이들을 치료하는 과이다 보니 세심함이 중요해요. 진료할 때도 꼼꼼하게 봐야 하고 환아와 보호자를 대할 때 주의를 기울여 배려하는 태도가 필요하죠. 환자뿐만 아니라 직원들과 협업도 해야 하니까 친근감 있는 성격이면 더 좋고요.

그리고 아이들은 증상을 정확하게 전달하지 못한다는 것을 생각해야 해요. 보호자가 말하는 증상을 듣고 더 필요한 정보를 얻기 위해 질문도 구체적으로 해야 하죠. 여러 과정을 통해 얻은 정보를 바탕으로 종합적인 결론에 이르기 위해서는 자신이 완벽주의자가 아닌가 하는 생각이 들 정도로 꼼꼼해야 해요.

진료하다 아동학대가 발견되는 경우가 있는데, 그런 것을 의사의 관찰만으로 알아내야 하니 세심한 주의력도 필요하죠.

 # 영어는 필수!

　의과대학에서 배우는 책들을 보면 영어로 된 원서가 많아요. 배워야 할 양도 많기 때문에 교과과정을 따라가려면 기본적인 영어 실력이 필요하죠. 다만 다른 학과 학생들처럼 취업을 위해 따로 토익이나 토플 등과 같은 공인영어시험까지 준비할 필요는 없어요.

　대신 영어로 의사소통이 가능하면 좋겠어요. 요즘엔 외국인도 많고 그 자녀들도 많아서 진료할 때 영어로 대화할 때가 있으니까요.

의과대학 진학하기

 의사가 되려면 의과대학이나 의학전문대학원을 졸업해야 해요. 의과대학은 예과 2년, 본과 4년 과정이에요. 의학전문대학원의 경우 학부 4년을 마친 후 의학과에 입학하여 4년을 대학원생으로 다니게 돼요. 그 후 의사 국가고시에 응시해 합격하면 의사면허를 받을 수 있죠. 보건복지부 장관이 인정하는 외국의 학교를 졸업한 경우에는 외국의 의사면허를 받고 예비시험에 합격한 후 의사 국가고시에 응시해 합격해야 하고요.

 면허증이 발급되면 그때부터 의사 생활을 할 수 있는데요. 이렇게 특정 분야를 전문으로 하지 않고 진료하는 의사를 일반의사라고 해요. 의사면허를 취득한 후 인턴과정 1년과 3~4년의 레지던트 과정을 거쳐 각 분야의 전문의 자격시험에 합격한 의사를 전문의사라고 하고요. 소아청소년과는 4년의 레지던트 과정을 거쳐 전문의가 되죠.

의사가 되려면 공부도 잘해야 하지만
다양한 경험을 통해 공감 능력을 키우는 게 좋겠어요.
세심한 주의력과 배려하는 마음이 필요한 일이니까요.

의대를 졸업할 때는 <제네바 선언>을

 의과대학을 졸업할 때 <제네바 선언>으로 선서를 해요. 예전에는 '의학의 아버지'라 불렸던 고대 그리스 의사 히포크라테스가 만든 의학 윤리 지침서인 <히포크라테스 선서>를 낭독했어요. 현재는 오늘날의 상황에 맞게 수정한 <제네바 선언>이 주로 낭독되고 있어요. 한국어로 번역된 건 여러 개 있는데 가장 흔하게 알려진 것을 소개할게요.

<제네바 선언>

이제 의업에 종사할 허락을 받음에,
나의 생애를 인류 봉사에 바칠 것을 엄숙히 서약하노라.
나의 은사에 대하여 존경과 감사를 드리겠노라.
나의 양심과 품위를 가지고 의술을 베풀겠노라.
나는 환자의 건강과 생명을 첫째로 생각하겠노라.
나는 환자가 나에게 알려준 모든 것에 대하여 비밀을 지키겠노라.
나는 의업의 고귀한 전통과 명예를 유지하겠노라.
나는 동업자를 형제처럼 여기겠노라.
나는 인종, 종교, 국적, 정당 관계 또는 사회적 지위 여하를 초월하여
오직 환자에 대한 나의 의무를 지키겠노라.
나는 인간의 생명을 그 수태된 때로부터 더없이 존중하겠노라.
나는 비록 위협을 당할지라도 나의 지식을 안도에 어긋나게
쓰지 않겠노라.
나는 자유의사로서 나의 명예를 걸고 위의 서약을 하노라.

소아청소년과 전공의 1년 차의 하루는 고달파요

　의대를 졸업하면 4년 동안 전공의 과정을 거치는데 이 시기는 매우 힘들어요. 특히 1년 차에는 업무량이 많아 더 힘든 시기예요. 보통 전공의 1년 차가 되면 새벽 6시에 출근해서 입원환자들의 상태를 점검하고 밤새 응급실에 들어온 환자가 있는지 살펴봐요. 7시 30분에는 책임을 맡은 의사와 함께 환자들의 치료 방침을 결정하고, 8시 30분에는 담당 교수와 병동 회진을 해요. 이후에는 회진 때 결정된 입원환자에게 처방을 내고 검사가 필요한 환자들과 검사실로 이동해 검사 과정 동안 지켜보고요. 오후 3시부터는 오전에 했던 일과를 반복해요. 그리고 저녁 7시가 되면 다음 날 검사를 할 환자의 보호자와 면담하고 시술 동의서를 받고 퇴근해요. 당직이 있는 날은 병동에 머물며 응급상황에 대비하고요. 하루 일과가 빽빽하고 좀 고되긴 하지만 이 과정을 거쳐야 전문의가 될 수 있어요.

전문의가 되기 위해서는
오랜 시간 동안 공부하고 수련해야 해요.
때로는 힘들고 고되지만 좋은 의사가 되기 위해
꼭 거쳐야 하는 과정이죠~

4장에서는?

의사가 되면 어디서 일하고, 어떻게 진료하는지 알아보는 시간! 말을 못 하는 영아, 아픈 곳을 표현하지 못하는 유아의 진료를 위해서 소아청소년과 의사는 어떤 노력을 하는지도 알아보아요.

소아청소년과 의사가 일하는 곳은?

　의사들은 주로 병원이나 보건소 등 다양한 의료기관에서 일하고 있어요. 구체적으로 얘기하면, 현재 소아청소년과 의사 6,222 명 중 절반 이상인 3,289명이 의원에서 일하고 있어요. 또 862명은 대학병원과 같은 상급종합병원, 790명은 종합병원, 890명은 병원, 193명은 요양병원, 25명은 한방병원, 27명은 보건의료원, 95명은 보건소, 48명은 보건지소에서 근무하고 있다고 해요.

　이 밖에도 군의관이나 보건복지부 공무원, 국립과학수사연구원, 법무부 의무직공무원, 의학전문기자, 법의학자로 일하고 있는 소아청소년과 의사도 있는데요. 이들은 정부기관이나 의무사령부, 의학연구소 등에서 일하고 있죠.

다양한 의료도구를 사용해 진료해요

　소아청소년과 의사가 진료실에서 주로 사용하는 의료도구로는 청진기와 인두경, 펜라이트, 설압자, 검이경, 이비인후과 종합 진료대, 헤드라이트, 포셉 등이 있어요. 청진기는 체내에서 발생하는 심장 소리나 호흡 소리, 장에서 나는 소리 등을 듣는 데 쓰는 도구예요. 인두경과 펜라이트는 입안과 혀 안쪽의 목구멍 등을 밝게 비춰서 정확한 진단에 도움을 주죠. 설압자는 구강이나 인두부를 진료할 때 혀를 누르고 고정하는데 사용하는 도구이고요. 검이경은 고막과 외이도를 보는 데 사용하며, 이비인후과 종합 진료대는 입안, 비강, 인후두, 귀 등을 진찰하고 치료하는 데 사용해요. 헤드라이트는 진찰이나 수술할 때 머리에 고정해 사용하는 조명용 기구이고, 포셉은 물체를 집거나 고정하기 위해 사용하는 기구로 용도에 따라 다양한 모양이 있어요. 예를 들면 귀지를 제거할 때 쓰는 포셉도 있죠.

설압자

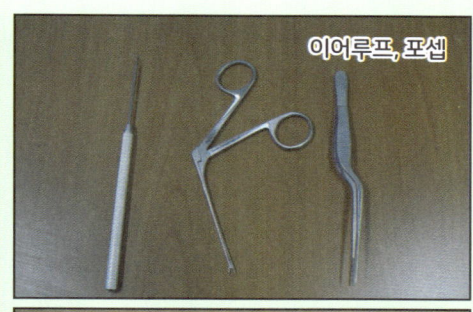
이어루프, 포셉

검이경

헤드라이트

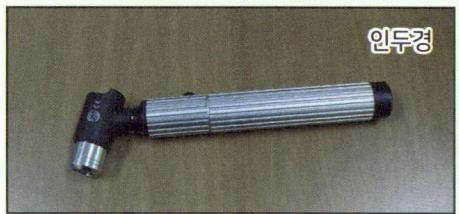
인두경

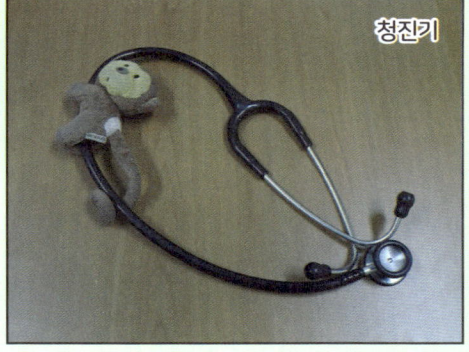
청진기

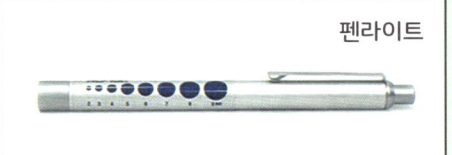
펜라이트

해마다 보수교육은 필수

　의사는 매년 필수과목 2학점을 포함하여 1년에 8시간 이상 보수교육을 받아야 해요. 변화된 내용과 정보를 주기적으로 교육받으며 더 나은 진료를 위해 노력하고 있죠. 정기 교육 외에 대한의사협회나 대한소아과학회, 소아청소년과 각 분과에서 주최하는 학회, 소아청소년과가 아닌 타과에서 주최하는 학술대회나 연수강좌들이 자주 있어요. 이런 학회에서는 주로 진료와 관련된 내용을 다루지만 때로 의료법이나 세무 같은 진료 외적인 것들에 대해서도 강의해요. 부족하다고 여긴 부분이나 평소 관심을 가졌던 분야, 혹은 꼭 알아야 할 내용이라고 생각되는 강의라면 시간을 내서 들으러 가죠.

　저는 전문의 자격을 취득한 후에도 다른 의사들의 진료를 참관하기도 해요. 다른 분과의 진료를 참관하면서 배우는 게 많거든요. 그래서 대학병원에 근무하는 교수님이나 병원을 개원한 과 선배들, 그리고 필요하면 피부과나 이비인후과 같은 다른 과 의사들에게 부탁해서 그분들의 진료를 참관해요. 이런 경험을 통해 제가 평소 진료할 때 놓치는 것은 없는지 비교해보고, 새로운 방법이나 좀 더 좋은 방법이라고 생각되면 배우기도 하죠.

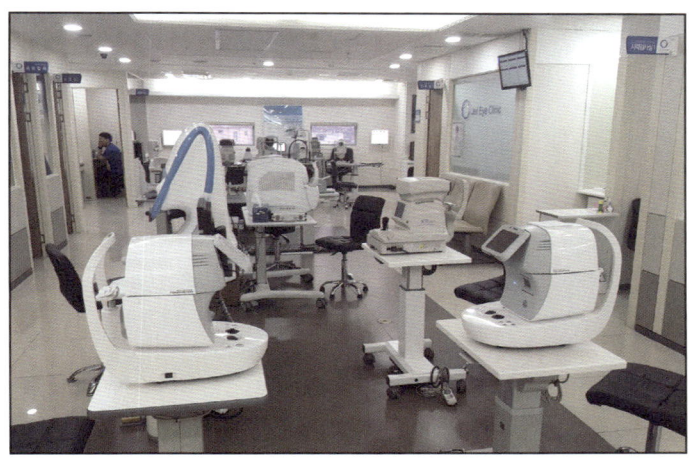

아이의 행동발달과 심리도 공부해요

저는 육아 방법이나 이유식, 식습관 등 실생활과 직접 연관된 부분이나 아이들의 심리에 관심이 많아요. 아픈 아이를 잘 보는 것도 중요하지만 아이가 밝고 씩씩하게 자라도록 도와주는 것도 중요하다고 생각하거든요. 실제로 진료를 하다 보면 증상을 약으로 치료할 것이 아니라 심리적인 측면을 살펴보고 그에 맞는 치료가 필요할 때가 있고요. 질병이 아이를 둘러싼 가족이나 가정환경과 연관되어 나타나기도 하니까요.

미네소타 의대 교수인 찰스 앤더슨 애드리치는 아동 행동발달에 관한 미국 최고의 의대 연구소인 에이요 클리닉을 설립한 학자인데요. 그의 책 『아이도 인간이다: 아동 성장과 낡은 수유법에 대한 해석』은 아동의 질병을 다스리기 위해서는 의사도 영·유아와 청소년의 일상적 심리와 행동을 이해해야 한다고 말하고 있어요. 이 책 또한 저에게 영향을 주어 아이들의 심리와 행동에 더 관심을 가지게 되었죠.

표현하지 못하는 아픔까지 알아차려요

아이는 자기가 아픈 것을 정확히 이야기할 수 없어요. 자기가 어디가 얼마나 아픈지 정확하게 표현하지 못하죠. 심지어 보호자가 말하는 증상과 아이의 증상이 일치하지 않을 때도 있고요.

몇 년 전에 한 초등학생이 호흡이 불편하다고 병원에 왔어요. 보호자는 천식이 걱정되어 왔다고 했는데 진찰하고 검사를 해보니 1형 당뇨로 인한 케톤산증으로 확인되었죠. 이전까지 건강하게 지내던 아이라 보호자는 단순히 호흡이 이상하다고만 생각해서 흉부 X-ray를 찍어볼 생각에 온 거였어요. 만약 보호자 말만 듣고 판단해서 자세하게 물어보지 않았더라면 진단이 늦어 케톤산증이 더 진행될 수도 있었죠. 보호자가 말하는 증상을 듣는 것도 중요하지만 적극적인 자세로 아이에게 꼼꼼하게 물어보고 전체적인 상황을 판단해야 해요. 그러기 위해서 평소에 의학지식이나 환자에 대한 경험을 충분히 쌓아야 하고요.

보호자와의 소통도 의사가 할 일

저는 소통과 전달에 신경을 많이 써요. 환자나 보호자가 의학적인 내용을 쉽고 정확하게 이해할 수 있도록 때에 따라 미리 준비해놓은 그림이나 사진을 보여주면서 설명하기도 하고, 필요하면 책을 펼쳐놓고 말하기도 해요. 진단명이나 처방한 약에 대해 알려드릴 때는 종이에 쓰면서 설명하고, 필요하다면 적어서 주기도 해요.

특히 돌 이전의 아이가 첫째 아이인 경우 보호자의 육아 경험이 부족할 수 있기 때문에 기본적인 내용들도 자세히 설명해줘요. 예를 들어 해열제 복용 방법이나 이유식 먹이는 방법 등에 대해 보호자가 알고 있는지 확인하고 잘 모르는 부분이 있다면 설명해주죠.

그리고 환자에 대해 꼼꼼히 기록해둬요. 약의 부작용뿐만 아니라 아이들의 개별적인 특징, 좋아하는 약의 맛이나 약물의 형태까지 자세히 기록해두면 다음에 진료할 때 참고할 수 있죠.

영유아는 어디가 얼마나 아픈지 표현하지 못해요.
그럴 때는 보호자의 말을 귀 기울여 들으며
아이를 세심하게 관찰해야 하죠.
아동의 행동발달과 심리 상태도 참고하고요.

까다로운 아이들을
진찰하는 노하우도

　얼마 전 미국 캘리포니아에서 소아과의사로 있는 로버트 해밀턴 박사가 유튜브에 우는 아기 달래는 법을 공개했어요. 영상을 보니 그는 아기의 양팔을 가슴에 모으고 엉덩이 뒤쪽으로 손을 넣은 뒤 다른 손으로는 턱을 받쳐 위아래로 천천히 흔들더라고요. 박사의 손길이 편안했는지 아이는 울음을 뚝 그쳤고, 이 모습을 지켜보던 부모는 깜짝 놀랐죠. 소아청소년과 의사들은 이렇게 까다로운 아이들을 진료하는 노하우를 한두 개씩은 가지고 있어요.

　진찰하며 청진할 때 아이가 심호흡을 크게 해야 할 때가 있어요. 이럴 때 저는 바람개비를 이용해 자연스럽게 아이가 심호흡을 하도록 하죠. 그리고 진찰을 하는 중 아이가 입을 벌리고 우는 경우가 있는데요, 이때는 억지로 입을 벌리지 않아도 안쪽까지 쉽게 볼 수 있어요. 구토 증상이 있는 아이는 설압자로 혀를 세게 누르면 구토를 할 수 있기 때문에 부드럽게 다루고요. 꼭 어떤 틀에 맞춰 진료하기보다는 진료받는 아이의 상황에 따라 요령 있게 잘 대처하는 게 중요하죠.

가끔, 진찰 후 보호자에게 주의사항 등을 설명할 때 아이가 보이는 행동을 관찰하기도 해요. 아이들은 진찰할 때는 긴장하더라도 진료가 끝나면 긴장을 풀고 편한 상태로 진료실 안의 장난감이나 주변 물건들을 만지면서 쳐다보는데, 이럴 때 외사시(사물을 볼 때 한쪽 눈이 바깥쪽을 향하고 있는 듯한 눈) 등을 발견하기도 하거든요.

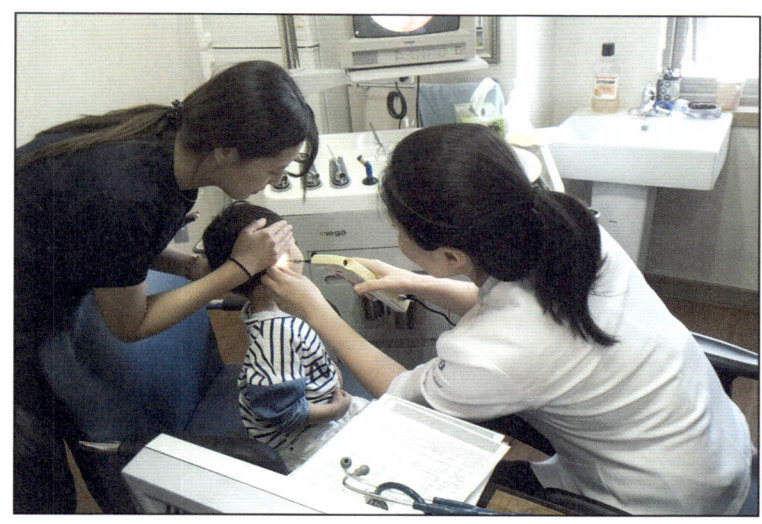

도움이 필요할 때는 여러 과가 협력해요

진료하다 혼자 힘으로 처치가 어려운 경우에는 다른 사람에게 도움을 요청해요. 예를 들어 예방접종을 하러 온 아이가 주사를 맞기 전에 심하게 울면서 저항을 하게 되면 간호사 몇 분이 와서 붙잡아 주죠. 갑작스럽게 호흡곤란이나 심정지 등이 발생하여 심폐소생술을 해야 할 때는 다른 의료진이 필요하기 때문에 '코드블루'라는 안내방송을 통해 도움을 요청해요. 코드블루는 심정지 환자 발생 시 의료진 출동을 명하는 응급 코드예요.

또 진찰하는 과정에서 진단과 치료가 어려울 때가 있어요. 질병을 특정할 증상이 처음부터 모두 나타나는 것이 아니기 때문에 초반에는 확진하기 어려울 때가 있거든요. 이럴 때는 계속 지켜보면서 치료해야 해서 어려움이 있죠. 보다 세부적인 검사와 치료가 필요한 질병인 경우는 상급종합병원에 의뢰하고요.

소아청소년과 진료실은 소란스러울 때가 많아요.
우는 아이, 도망가는 아이, 토하는 아이도 있죠.
이럴 때를 대비해 의사들은
저마다 대처하는 방법을 가지고 있답니다.^^

5장에서는?

아이들이 편안하게 느끼도록 꾸며진 병원에서 귀여운 아이들을 매일 만날 수 있는 행복을 누린다는 최민정 선생님! 환자와 보호자의 격려와 믿음이 큰 힘이 된다고 해요. 그 밖에도 어떤 매력이 있을까요?

귀여운 아이들을
매일 볼 수 있어요

　병원에 온 아이들은 예방접종을 하고 울기도 하고, 진찰이 무서워 도망을 가기도 하지만 아이를 좋아하는 사람이라면 그런 모습조차 사랑스럽게 느껴질 거예요. 그렇게 사랑스럽고 밝은 아이들을 대하다 보면 저 역시 어느새 생기가 돌고 활기가 넘치는데요. 그렇다 보니 일할수록 아이들에게 에너지를 받고 있다는 느낌이 들어요. 울다가도 제 말에 생글생글 웃어주거나 진찰을 무서워하던 아이가 저를 잘 따라주면 아이들한테 고맙다는 생각까지 들 때도 있고요.

　그리고 무엇보다 치료받은 아이들의 경과가 좋을 때 가장 큰 보람을 느껴요. 급성백혈병에 걸렸던 아이가 완치 판정을 받거나 신생아 중환자실에서 입원 치료를 했던 아기가 건강한 상태로 퇴원했을 때가 그래요. 치료가 어려운 상황이었는데 좋은 결과를 얻으면 그것만큼 기쁘고 보람된 일은 없더라고요.

일터의 분위기가 밝아요

하루 중 상당히 많은 시간을 보내는 일터의 분위기가 밝고 안락하다는 점도 매력이라고 생각해요. 소아청소년과 병원의 인테리어를 보면 성인을 위주로 진료하는 병원과는 다르게 귀엽고 알록달록하죠. 사람 몸집만 한 큰 강아지 인형을 갖다 놓은 곳도 있고, 벽을 노란색으로 칠한 곳도 있어요. 친근하고 안락한 분위기를 통해 아이들이 재미있고 편안하게 진료를 받을 수 있도록 병원을 꾸며놓은 건데요. 밝고 예쁜 진료실에서 매일 근무할 수 있다는 것도 즐겁게 일할 수 있는 이유 중 하나예요.

아이들을 위해 귀엽고 재미있게 꾸민 병원이 저의 일터랍니다~

환자와 보호자로부터 따뜻한 격려를 받는 기쁨

저를 소아청소년과 의사라고 소개할 때 사람들이 하는 질문 두 가지가 있어요. "소아청소년과 의사가 되기 전부터 아이들을 좋아했나요?"와 "아이들을 진료하는 게 힘들지 않나요?"인데요. 저의 대답은 '아니다'예요. 제 성향과 장점을 살릴 수 있다고 생각해서 선택한 과였거든요.

그런데 소아청소년과 진료를 하다 보니 아이들이 예뻐 보이기 시작했어요. 이제는 우는 모습조차 귀여워 보이죠. 처음엔 낯선 진료실에 들어와 당황한 아이들이 울기도 하는데, 진찰하면서 예쁘다고, 잘한다고 얘기해주면 울음을 멈추고 저를 바라봐요. 그 순간이 저에게는 무엇과도 비교할 수 없이 빛나는 순간이에요. 진료도 힘들지 않고요.

전공의 1년 차 겨울, 소아심장과에서 일할 때 일곱 살 된 소정이란 아이를 만났어요. 소정이는 다운증후군 진단을 받고 어릴 때 심실중격

결손 수술을 받았죠. 당시에는 급성 폐렴으로 입원했고요. 하루는 병동에 몇 시간 째 앉아 일하고 있는데 소정이가 제 옆을 맴돌다가 저에게 오더니 눈이 온다고 얘기해주었어요. 펑펑 내리는 첫눈을 바라보며 이런저런 얘기를 나누었죠. 소정이와 함께 웃다 보니 그동안 쌓인 피곤함과 외로움, 미움, 원망 같은 답답한 마음들이 눈과 함께 녹는 것만 같았어요. 그때를 생각하면 아직도 마음이 따뜻해져요.

  당시엔 중환자도 많고 업무량이 많아 밤늦게 집에 들어가는 일이 많았어요. 몸도 힘들지만 가족들과 지내는 시간도 부족하고 대화를 나눌 동료들조차 주변에 없어 외롭기도 했죠. 그때 제게 힘이 되어 준 건 환자와 보호자들이었어요. 병동에 앉아 종일 일하다 보면 아이들이 다가와 말을 건네기도 하고 보호자들이 먹을 것을 가져다주기도 했거든요. 힘든 시기를 통과하던 때라 그들의 따뜻한 응원과 격려가 큰 힘이 되어 주었죠.

육아하는 부모에게 도움을 줄 때 보람도

　제 또래의 어머니들에게 육아에 대한 고민을 듣고 도움을 줄 수 있다는 것도 큰 매력이에요. 최근 들어 일과 육아를 함께 하는 어머니들이 많아졌어요. 예전보다 아이도 적게 낳아 키우고요. 그러다 보니 바쁘거나 경험이 없어 아이의 발달상황 때문에 불안한 마음이 있어요. 정성껏 만든 이유식을 잘 먹지 않거나 편식하는 아이, 또래보다 키나 몸무게가 적은 아이를 키우게 되면 부모는 걱정을 하거든요. 그런 분들에게 적절한 조언을 해주고 대수롭지 않거나 자연스러운 성장의 한 과정인 경우 안심시켜주는데요. 불안을 덜어내거나 위로받고 편안해진 모습을 마주하는 것도 제게는 큰 매력으로 다가와요.

　이렇게 사람의 마음을 어루만지는 직업이 또 있을까 싶죠. 매일매일 빛나는 순간을 선사하고 어려움에 처한 사람에게 손을 내밀 수 있는 이 일이 저는 정말 좋아요.

소아청소년과 의사는 환자들의 또 다른 가족

　소아청소년과 의사는 아이를 데리고 내원하는 부모님과 소통하게 되는데, 이를 통해 한 가정과 밀접한 관계를 형성할 수 있어요. 친근하고 가까운 관계를 넘어 한 가족의 구성원 중 한 명이 될 수도 있죠. 미국의 소아과의사 모리스 위젤은 서로 잘 알고 신뢰할 수 있는 누군가가 곁에 있다는 건 매우 중요한 일이라고 말했어요. 소아과의사는 사소한 질병이나 부상을 봐야 할 때가 많은데 그건 그들 가족과 좋은 관계를 만드는데 커다란 기회가 된다고요. 그는 실제로 환자들의 입학식 즈음에는 격려 편지나 축하 카드를 쓰면서 진료하는 것 말고도 환자의 가족들과 좋은 관계를 쌓아갔어요. 그들의 또 다른 가족이 된 거죠.

연구 성과가 좋았을 때의 성취감도

　의사는 환자를 치료하고 연구하는 것이 주된 일이라고 할 수 있어요. 의사라면 누구나 환자들이 치료받고 경과가 좋아질 때 가장 큰 보람을 느낄 거예요. 그리고 연구해서 발표한 논문이 학회의 주목을 받거나 SCI(Science Citation Index, 과학기술논문 인용색인) 급의 논문집에 실릴 때 큰 성취감을 느끼죠. SCI에 등재된 논문 중 10년 동안 다른 연구자들이 인용한 횟수가 상위 0.1%에 속하면 국제적 영향력을 가진 최우수급 논문으로 꼽혀요. 또 최근 2년 내 발표된 논문 중 상위 0.1%는 핫페이퍼(Hot Paper)라 부르고요. 전공의 때 제가 쓴 논문도 SCI 급의 논문집에 실린 적이 있어요. 해외 학회에서 포스터가 채택되어 초청받아 다녀왔죠. 굉장히 뿌듯했어요.^^

의사는 보통 아이들과 부모들에게 도움을 주죠.
반대로 환자와 보호자의 따뜻한 응원과
격려를 받을 때도 있어요.
의사와 환자가 서로에게 힘이 되는 관계를 맺는 것도
이 일의 큰 매력이에요~

CHAPTER. 06

소아청소년과 의사의 하루

6장에서는?

입원환자를 돌보고 병원에 오는 아이들을 진료하며 바쁜 나날을 보내는 소아청소년과 최민정 의사의 하루를 경험해 보아요.

아침 8시 : 출근 및 진료 준비

보통 아침 8시까지 병원에 도착해서 차트를 확인하고 환자를 파악해요. 밤새 당직 간호사들이 환자에 대해 기록해 놓은 것을 보고 열이 났는지 기침을 많이 했는지 등을 확인하죠. 어제 회진 후에 검사한 것이 있으면 회진 때 환자에게 설명해줄 검사 결과도 미리 적어두고요.

아침 8시 30분 : 병동 입원환자 회진

회진하며 검사 결과를 설명해주고 보호자가 궁금해하는 것이 있으면 듣고 대답해요. 가끔 집에 가고 싶다고 투정 부리는 아이가 있으면 오늘 치료를 잘 받으면 내일 갈 수 있다고 약속도 해주고요. 회진 후에는 입원환자의 증상 변화나 진찰 소견에 따라 약을 추가하거나 삭제하여 새로 처방하기도 해요.

아침 9시 : 오전 진료

어젯밤부터 열이 나기 시작한 중학생 아이가 왔어요. 고열이 여러 번 났다고 하는데요. 요즘 B형 독감이 유행이라 학교에서 독감 검사를 해보라고 했대요. 긴 면봉처럼 생긴 검사 도구를 코에 깊이 넣어서 검체를 얻었어요. 확인해 보니 B형 독감이네요. 열이 심해 입원이 필요한 환자예요. 아이는 입원 검사를 하고 배정받은 병실로 가 수액치료를 받으면서 약을 복용하기 시작했어요.

다음 환자는 귀여운 하루예요. 하루는 주사를 맞을 때도 울지 않는 씩씩한 아이예요. 며칠간 콧물 증상이 있어 오늘 왔는데 진찰을 해보니 중이염이 생겼네요. 항생제를 포함한 경구약을 처방하고 3일 후 다시 와서 경과를 보기로 했어요.

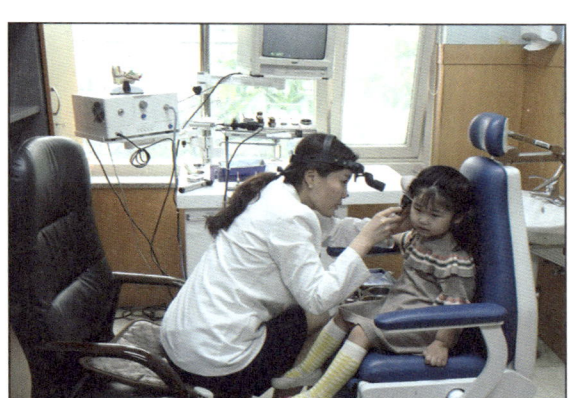

낮 12시 30분 : 점심시간

오전 진료가 모두 끝났어요. 한 시간 동안 점심 식사를 하고 진료실에서 휴식을 취해요.

낮 1시 30분 : 오후 진료

6개월 된 여자아이 나음이가 왔어요. 나음이 오빠가 우리 병원에 다니는데 그 인연으로 나음이도 출생 후부터 예방접종을 받으러 병원에 오고 있어요. 접종을 여러 번 하다 보니 주사 맞는 것을 미리 아는 것 같아요. 오늘은 주사를 놓기 전에 다리를 잡기만 했는데도 우네요!

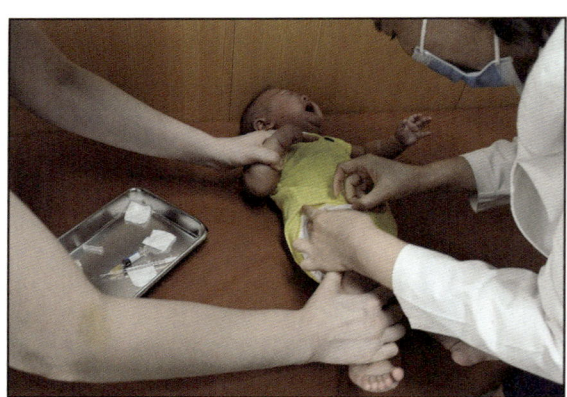

외래 진료 중에 다른 과에서 협력을 요청하는 연락이 왔어요. 다리 골절로 정형외과에 입원 중인 아이인데, 입원 전부터 콧물 증상이 있어 소아청소년과 진료를 보고 약을 처방받고 싶다고 하네요. 이렇게 종합병원에서는 타과와 협업으로 환자를 함께 진료하기도 해요.

낮 5시 30분 : 병동 입원환자 회진

오전에 입원한 환자들에게 입원 검사 결과를 설명해줘요. 흉부 X선 검사와 피검사 결과 등을 알려주고 약 먹는 게 힘들지 않은지, 다른 불편한 점이나 새로 생긴 증상은 없는지 확인도 하죠. 입원 중인 다른 환아들의 경과도 확인하고 진찰해요. 또 다음 날 오전에 퇴원할 환자도 결정하고요.

저녁 6시 : 퇴근

오후 진료를 마무리하고 퇴근해요.

CHAPTER. 07

소아청소년과 의사의 마음가짐

7장에서는?

무슨 일이든 힘들고 어려운 일이 닥칠 때가 있어요. 실수할까 봐 걱정도 하고 불평하는 보호자 때문에 힘들기도 해요. 이럴 땐 어떻게 다시 힘을 내는지 최민정 선생님의 소중한 경험을 들어보아요.

진료에 협조하지 않는 보호자는 힘들어요

    때로는 보호자 때문에 힘든 경우도 있어요. 몇 주 동안 다른 병원에서 진료를 보다가 믿음이 가지 않는다고 병원을 바꾼 보호자들이 가끔 있어요. 제가 직접 진찰한 것이 아니기 때문에 전에 병원에서 한 진단에 대해 '맞다, 틀리다'를 판단할 수는 없어요. 시간이 지나면서 증상이 달라지는 질병인 경우는 특히 더 그렇고요. 저는 그럴 때 아이가 잘 낫지 않거나, 의사의 성향과 맞지 않는 게 아니라면 한 병원에 꾸준히 다니면서 경과를 지켜보고 담당 의사와 상의하는 것이 치료에 도움이 되는 경우가 많다고 조언해요.

의사도 직업병이

 책상에서 주로 진료를 보는 내과나 소아청소년과 등의 의사들은 평소 컴퓨터 앞에 오래 앉아 있는데, 잘못된 자세로 앉아 있는 것이 습관이 되면 일자목이 쉽게 올 수 있어요. 요즘에는 직업과 상관없이 스마트폰이나 컴퓨터를 많이 사용하는 사람도 그렇고요.

 소아청소년과는 아이를 의자에 앉혀놓고 입안, 양쪽 귀, 코 안 등을 진찰하는데, 그러다 보면 팔을 자주 위로 들게 되죠. 이 동작을 오래 하면 어깨충돌증후군이 올 수 있어요. 이러한 질병이 생기지 않도록 평소 바른 자세를 유지하고, 시간이 날 때마다 스트레칭을 해주는 게 좋아요.

 또 의사는 병균에 노출되기 쉬운 환경에서 일하기 때문에 병균에 감염될 가능성이 있어요. 그런 일이 없도록 잘 관리하는 게 중요해요.

실수하거나 놓치는 게 있을까 걱정도

작은 차이가 큰 차이를 만들 수 있다는 생각을 항상 해요. 진료할 때 중요하지 않은 부분이라고 해서 소홀히 하거나 긴장을 늦추게 되면 보호자와의 신뢰가 깨질 수도 있어요. 크게는 사고로까지 이어질 수 있고요.

제가 일했던 상급종합병원에서 가끔 실수로 약물이 바뀌었거나 검사를 잘못해서 의료사고가 일어나는 일이 있었어요. 저는 그때 중환자들을 많이 돌봤는데 약물이 잘못 들어가거나 기구를 잘못 사용하지 않도록 세심한 주의가 필요하다는 걸 깨달았어요. 그런 사고를 내면 너무 큰 상처가 될 것 같았거든요.

다른 과도 마찬가지겠지만 소아청소년과는 아이들의 건강한 미래를 다루기 때문에 특히 더 세심하게, 실수하지 않도록 애써야 해요.

가족의 조언과
충분한 휴식으로 재충전

　저는 진료하다가 답답한 일이 생기면 부모님께 털어놓고 의논을 하기도 해요. 같은 직업을 가진 분들은 아니지만 환자나 동료 직원 등 사람들 사이에 생기는 문제들은 인생 선배인 부모님께서 해주시는 조언과 격려가 많은 도움이 되거든요. 때론 친구들이나 가족들과 야외로 나가 맛있는 음식을 먹는 것이 도움이 될 때도 있어요. 하지만 많이 피곤할 때 나가면 오히려 더 스트레스가 심해지더라고요. 그래서 피로가 쌓이면 집에서 충분히 휴식을 취해요. 푹 쉬거나 깊은 잠을 자고 나면 중요하지 않은 일들은 금방 잊히기도 하니까요. 동료 의사들의 경우 운동을 하거나 여행을 다니면서 스트레스를 푸는 친구들도 있어요.

취미 생활로 여유를 찾아요

여유 시간이 생기면 저는 책을 읽거나 그림을 그리고 전시회를 보러 가기도 해요. 그중에서 가장 좋아하는 일은 그림을 그리는 일이죠. 집중해서 그림 하나를 완성하고 나면 뿌듯함과 성취감에 기분이 정말 좋아지거든요. 원하던 느낌을 잘 표현했거나 그림이 잘 그려지는 날은 더더욱 그렇고요. 몇 년 뒤에 그동안 그린 그림을 모아 전시회도 해보고 싶고, 나중에 제 병원을 개원하게 된다면 제가 그린 그림들을 벽에 걸어 놓고 싶어요.

CHAPTER. 08

소아청소년과의 미래

8장에서는?

해마다 태어나는 아이가 줄어들고, 인공지능 프로그램이 의학에 쓰이고 있어요. 아이들을 진료하는 소아청소년과는 미래에도 필요할까요? 그 답을 들어보아요.

소아청소년과 의사를 찾는 부모는 늘어날 거예요

출산율은 감소했지만 소아청소년과는 여전히 중요해요. 요즘 가정에서는 아이를 적게 낳아 기르는 대신 아이를 건강하게 잘 기르기 위한 관심이 많으니까요. 이유식이나 신체 발달 사항, 수면 습관, 식습관에 대해 궁금해하고 전문가와 상담하기를 원해요. 그래서 소아청소년과 의사는 별다른 이상이 없어도 영유아 검진을 통해 발육 상태를 체크하고 상담하죠. 건강하지만 키가 작아서, 사춘기 조숙증이 걱정되어서 병원에 오는 경우도 많으니까요. 보호자는 의사에게 질병을 치료하는 것은 물론 육아 멘토로서의 역할까지 기대하는 거죠. 이런 이유 때문에 아이와 관련된 상담이나 진찰에 상담료를 받아야 한다는 의견도 있어요.

미국의 경우 1990년대까지만 해도 소아과에 지원하려는 의사들이 적었어요. 하지만 2000년대에 접어들자 소아과의 인기가 높아졌죠. 이유를 분석해보니 미국의 부모들이 아이를 양육하는 질이 굉장히 높아졌다는 거예요. 그만큼 소아과를 찾는 횟수가 늘어나면서 지원하는 의사들이 많아졌고요.

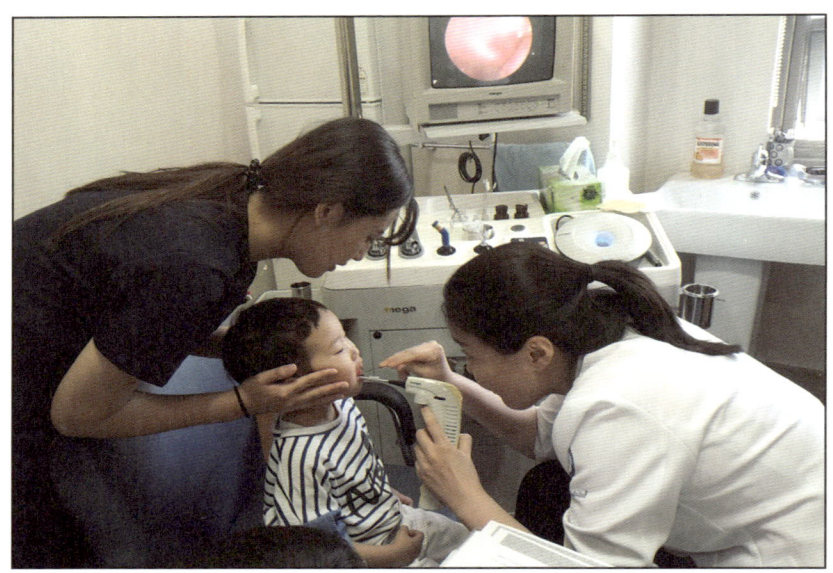

인공지능이 발달해도 의사가 할 일은 따로 있어요

　인공지능이 발달하면 의사라는 직업의 전망이 밝지 않다는 얘기가 있어요. 이에 대해 2017년 대한소아청소년과학회 은백린 이사장은 뛰어난 기능을 가진 인공지능이라 하더라도 당분간은 소아청소년과 의사를 대체하기는 힘들 것이라 전망했어요. AI가 소아청소년과에서도 여러 역할을 할 테지만 다른 과보다는 영향이 적을 거라는 의견이었죠.

　소아청소년과는 신생아기, 영아기, 유아기, 청소년기 등으로 분류해서 각각의 나이대 특성에 따라 진료하고 치료하는 방법을 달리해요. 또 개인의 특성이나 아이들의 체중, 키, 성장 상태 등에 따라 달라지는 것이 있고, 아이들뿐만 아이의 건강에 영향을 미치는 가정환경 등도 살펴야 하고, 때에 따라서는 부모의 정신적인 문제까지 돌봐야 해요. 그런데 AI가 과연 이런 역할을 수행할 수 있을까요? 당분간은 그러기 힘들 것이라고 생각해요.

동네의 건강지킴이 역할도

　소아청소년과 의사는 동네의 건강지킴이 역할도 해요. 환자는 한 명이지만 아이는 혼자 병원에 오지 않죠. 부모는 물론이고 할머니나 할아버지가 데리고 오는 경우도 많고요. 제가 단순히 진찰을 하고 처방만 했다면 그분들에게서 진심 어린 감사 인사를 받거나 그 관계에 애틋한 감정을 느끼지는 못했을 거예요. 이 동네의 건강지킴이라는 생각을 가지고 정성을 다해 아이를 돌보았기 때문에 아이 가족들의 애정 어린 마음을 받을 수 있었죠. 이렇게 소아청소년과는 아이 하나가 아니라 아이를 둘러싼 가족 전체와도 관계를 맺어요.

　의사가 환자를 향해 정성을 쏟으면 치료 효과에 영향을 준다고 생각해요. 키가 크지 않은 아이들이 병원에 오는 경우가 종종 있는데요. 저 같은 경우 이 아이들에게 단순히 성장 호르몬 주사를 놓는 것이 아니라 성장판을 자극할 수 있는 운동을 권하고 잘하는지 어려운 점은 없는지 체크하죠. 예를 들어 줄넘기를 하루에 천 개씩 하고 일기를 써오

라는 식으로요. 주사만 맞는다고 키가 쑥쑥 크지는 않아요. 잠도 규칙적으로 자야 하고, 보조적으로 운동도 해줘야 성장판이 자극되어 키 크는 데 도움이 된다는 말을 하면 아이들은 하루에 줄넘기 천 개를 해 와요. 어른도 매일 운동하는 게 쉽지 않은데 아이들은 옆에서 응원하며 관심을 가져주면 열심히 하더라고요. 노력한 결과 아이들의 키가 자라니까 아이도 좋아하고 부모도 굉장히 고마워해요. 이런 점에서 미래에도 소아청소년과 의사는 꼭 필요한 직업이라 생각해요.

9장에서는?

소아청소년과 의사 최민정의 이야기를 듣는 시간! 어린 시절엔 어떤 아이였는지, 어떤 계기로 의과대학에 가게 되었는지 궁금하다고요? 지금 그 이야기를 시작합니다~

🎵 성실한 부모님 밑에서 자랐어요

저희 부모님은 결혼하고 서울로 올라오셨는데요. 아버지는 아무런 연고도 없는 서울에서 사업을 시작해 성공하신 분이세요. 그동안 어머니는 묵묵히 내조하면서 남매의 교육에 최선을 다하셨고요. 어린 시절엔 풍족하진 못했어요. 그래서 부모님은 늘 근검절약하셨고, 모든 것은 자신의 실력과 노력을 통해 이루어진다고 믿으셨어요.

부모님은 저에게 무언가를 주입시키거나 직접 가르치시기보다는 말없이 지켜봐 주시고 필요한 것이 있다고 하면 적극적으로 지원해주셨죠. 공부하라고 하신 적은 없지만 예의에 어긋나는 행동을 하거나 고쳐야 할 점은 단호하게 얘기해 주셨어요. 지금 와서 보면 부모님의 그런 교육 방식 덕분에 공부에 흥미가 생겼다고 생각해요.

인정받고 싶은 마음으로 열심히 공부했어요

초등학교 2학년 때 담임선생님이 절 좀 미워하셨어요. 아이들 앞에서 자로 등을 세게 때리기도 하고 심한 벌을 주기도 했죠. 왜 유독 저를 미워하는지 이해가 안 됐고, 나중엔 억울한 마음까지 들었어요. 아마 그때부터 제가 공부를 열심히 한 것 같아요. 공부를 잘해서 인정받고 싶었나 봐요.

저는 예습을 철저히 해갔어요. 그러다 보니 어떤 날은 공부하다 새벽 2시에 자는 날도 있었죠. 이렇게 공부하고 2학기 중간고사를 봤는데 전교 600명 중 1등을 한 거예요. 처음엔 선생님께 인정받고 싶어서 열심히 했는데 점점 공부 자체가 재미있어졌죠. 상처받고 마음 아팠던 아홉 살의 저를 생각하면 씁쓸하다가도 결론적으론 그렇게 나쁜 일만은 아니었다고 생각해요.

초등학교를 졸업할 즈음에 학교에서 중학교 영어, 수학 대비반을 마련해 주었어요. 덕분에 중학교에 들어가서 전교 1등을 했죠. 이후에도 쭉 상위권 성적을 유지했고 초등학교와 고등학교 때에는 학교 전체 회장, 부회장으로 당선되기도 했고요.

좋아했던 과목은 한국지리

처음엔 한국지리 과목을 외워야 한다고 생각했는데 숨어있는 원리를 보니 체계적이면서도 과학적인 부분이 많더라고요. 단순히 암기하는 것이 아니라 역사나 과학, 문화의 총체적 접근을 통해 이해해야 한다는 것이 마음에 들었어요.

지리적 환경이나 기후는 우리 실생활에도 직접 영향을 주는 것들이라 더 좋았던 것 같아요. 예를 들어 높새바람은 북쪽에서 불어오는 바람을 부르는 순우리말인 '높바람'과 동쪽에서 불어오는 바람을 부르는 순우리말 '샛바람'의 합성어로 북동풍이라는 의미를 가지고 있는데요. 높새바람이 고온 건조한 바람으로 변하는 특징을 공부할 때는 단열변화라는 과학적 원리를 먼저 이해해야 하죠. 높새바람은 오랫동안 영동, 영서 지방에 영향을 주는데, 이처럼 자연현상이 그 지방에 미치는 영향에 대해서도 연결해 공부할 수 있고요.

초·중·고 모두 개근상을 탔어요

초등학교 때였어요. 아침에 일어났더니 방안에 연탄 연기가 가득한 거예요. 주택이라 연탄으로 난방을 하고 있었는데 연탄 덮개가 덜 닫혔는지 연기가 새어 나왔나 봐요. 심하지는 않았지만 머리도 아프고 속도 울렁거려서 학교에 가야 할지 고민이었어요. 그때까지 단 한 번도 결석하지 않았던 터라 더 고민이었는데, 부모님께서는 생각 끝에 우리 남매를 학교에 데려다 주셨죠. 누구보다 저희를 아끼고 걱정하셨지만 성실함은 한번 무너지면 흐트러지기 쉽다고 믿으셨기 때문에 그러셨던 것 같아요. 덕분에 우리는 초·중·고 12년의 학창 시절 모두 개근상을 받을 수 있었죠.

이런 경험은 어떤 힘든 상황이 와도 꿋꿋하게 버틸 수 있는 원동력이 되었어요.

다른 사람을 돕고 싶다는 꿈

고등학교 때는 매스컴 분야에 관심이 생겨 방송국 PD가 되고 싶다는 생각을 한 적이 있어요. 어렸을 때는 막연히 다른 사람을 도와주고 싶다는 생각에 변호사가 되고 싶었죠. 변호사가 구체적으로 어떤 일을 하는지는 몰랐지만 어려운 처지에 있는 사람들을 돕는 사람이라고 어렴풋이 생각했거든요. 장래희망을 적어내라고 하니 당시에 생각할 수 있는 직업을 적어낸 것이지, 어떤 일을 하건 그 밑바탕이 타인을 돕는 것이라면 꼭 변호사가 아니어도 상관없었던 거죠. 그런 점에서 지금 저는 꿈을 이뤘다고 생각해요. 제가 배운 지식과 능력, 경험으로 사람들을 돕고 있으니까요.

저는 몇 년 전 친구의 부탁으로 대한의사협회 회장 선거에 출마한 한 후보의 선거 캠프 활동을 도운 적이 있어요. 몇 개월 동안 선거 캠프 활동을 열심히 돕다 보니 각계각층에 있는 여러 사람을 만나게 되었죠. 그전까지 저는 앞만 바라보고 공부만 했는데 그 활동을 계기로 사회에 대한 관심이 생기고 시야가 넓어지더군요. 평소에 봉사활동을 통해 다른 사람을 돕고 있는데, 더 적극적으로 열심히 하자는 생각도 들었고요. 봉사는 사회나 다른 사람을 위하는 일이지만 기쁜 마음으로 하는 많은 일이 그렇듯 제가 오히려 배우고 얻는 것이 많아요.

우연히 의학책을 보고 진로를 바꿔 의과대학으로

제가 고등학교 다닐 때는 대부분 성적에 맞춰 대학과 과를 선택했어요. 지금처럼 진로 상담이나 직업 탐방의 기회가 다양하지 않았죠. 그당시 특별히 되고 싶은 것이 없기도 해서 성적에 맞춰 경영학과에 입학했어요. 막상 공부를 해보니 재미가 없더라고요. 그러다 우연히 의과대학에 다니는 친구의 의학책을 봤는데 나도 의학 공부를 하고 싶다는 생각이 걷잡을 수 없이 드는 거예요. 그리고 바로 의과대학 입시를 준비해서 지금의 제가 되었죠.

공교롭게도 단순한 이유로 시작했지만 이렇게 소아청소년과 의사가 되고 보니 직업이라는 것이 한 사람의 가능성과 잠재력을 발휘할 수 있게 도와주고, 만족감과 자존감을 높여줄 수 있다는 것을 알게 되었어요. 이 직업이 나를 설명할 수 있는 본질이 될 수 있다고 생각하게 되었고요. 저를 딱 하나의 단어로 표현하라고 한다면 소아청소년과 의사 최민정이라고 말할 정도로요.

대한의사협회 선거캠프 활동을 통해 사회에 대한 관심이 생겼어요. 앞으로 더 적극적으로 봉사활동을 할 생각이에요~

레지던트 시절은 많이 힘들었어요

레지던트 1년 차 때 중환자가 많은 부서에서 일을 했어요. 일이 익숙지 않다 보니 아무리 열심히 해도 일은 쌓이고 잠도 두 시간 정도밖에 자지 못하는 날이 많았죠. 나름대로 최선을 다해 열심히 했는데 다음 날 꾸중을 듣기도 했고요. 그런 일이 생기면 자존감은 떨어지고 자신감도 없어지게 되죠. 그래서 그만둬야겠다고 생각한 적도 있었어요. 그런 저를 가족들뿐만 아니라 당시 지도 교수님들까지 격려하며 이끌어 주셨어요. 진심 어린 격려를 받고 열심히 했더니 1년 차 말에는 교수님의 추천을 받아 병원 전체에서 우수 전공의 상도 받게 되었어요. 고마운 분들이죠.

그리고 무엇보다 힘들고 어려운 일을 견디고 일어설 수 있었던 데는 저 스스로에 대한 욕심이 있었기 때문이에요. 다른 사람들에게 도움이 되고 싶고, 보다 좋은 사람이 되고 싶다는 욕심이요. 그런 마음 덕분에 힘들어도 참고 앞으로 나아갈 수 있었다고 생각해요. 더불어 저를 믿고 용기와 의욕을 북돋워 준 분들이 많이 있었기에 가능한 일이기도 했어요.

이달의 모범 전공의

소아청소년과
R1 최민정

교육연구부
인턴 김동현

건강해진 아이들을 볼 때의 보람이 큰 기쁨으로

　어릴 적부터 일곱 살이 될 때까지 아토피 피부염이 너무 심해 한 번도 수영장에 가 보지 못한 아윤이가 종종 생각나요. 몸이 수영장 물에 닿으면 너무 따가워서 가족들이 수영할 때도 밖에서 쳐다만 보고 있던 아이였죠. 그러던 아윤이가 면역치료를 2년 정도 하고 나서는 얼굴도 매끈해지고 수영장에 가서 물놀이도 할 수 있게 되었어요. 또래의 아이들처럼 수영을 하게 되었다고 좋아하는 모습을 보니 정말 기쁘고 보람 있더라고요.

　또 제가 다니던 병원을 그만두고 다른 병원으로 옮겨야 했을 때가 있었는데요. 진료를 받고 난 후 약국에 가서 제가 그만둔다고 울었다던 세 살짜리 유준이도 기억에 많이 남네요. 그 얘기를 듣고 저도 눈물이 나서 진료실에서 혼자 울기도 했어요. 이런 기억들을 하나둘 떠올리다 보니 제 인생이 더 행복하게 느껴지네요.^^

사회를 위해 제가 가진 재능으로 봉사하는 꿈을 꿔요

　어린이와 청소년을 잘 키워내는 일은 사회 전체가 함께 해야 하는 의무라고 생각해요. 어린이와 청소년이 꿈과 희망을 키울 기회가 공평하게 열려있었으면 하고요. 2003년에 MBC의 <느낌표>라는 프로그램에서 '기적의 도서관' 프로젝트를 진행한 적이 있어요. 기적의 도서관은 어린이 도서관이 없는 지역에 도서관을 지어주기 위한 것이었죠. 시민이 낸 성금을 바탕으로 시민사회단체들과 지방자치단체가 힘을 모아 도서관을 짓는 이 프로그램이 매우 인상 깊었어요. 언젠가 나도 아이들을 위해 이런 일을 해보겠다고 다짐했죠.

　지금은 아이들을 진료하는 데 최선을 다하느라 시간이 많지 않아요. 그래서 시간이 나는 대로 의료봉사를 하고 있어요. 이후에는 좀 더 적극적으로 아이들을 위한 교육 등의 봉사 프로그램이 있다면 참여하고 싶어요. 소아청소년과 의사가 되고 싶은 청소년이나 어린이를 위해 진로 상담이나 진로 관련 강의도 하고 싶고요.

최민정의 또 다른 꿈은 그림책 작가!

어릴 때부터 그림 그리기를 좋아했어요. 지금도 쉴 때는 그림을 그리고요. 아마 의사가 되지 않았다면 예술이나 디자인과 관련한 일을 했을지도 모르겠네요. 연말에는 제가 직접 그린 그림으로 카드를 만들어 은사님들과 평소 고마웠던 분들에게 보내드려요. 받는 분들도 많이 좋아하시고요.

앞으로는 교육적인 내용이 담긴 동화책이나 그림책도 만들어 보려고 해요. 의사로서의 경험을 바탕으로 쓴다면 아이들이 좀 더 공감하지 않을까 싶어요. 그리고 외국 그림책을 번역하거나 제가 쓴 책을 국제 아동도서전에 출품하고 싶은 꿈도 있어요. 몇 년 후에는 평소 그렸던 그림을 모아 제가 좋아하는 예술의전당에서 전시회도 해보고 싶고요. 여러분에게 먼저 몇 장만 보여드릴게요.^^

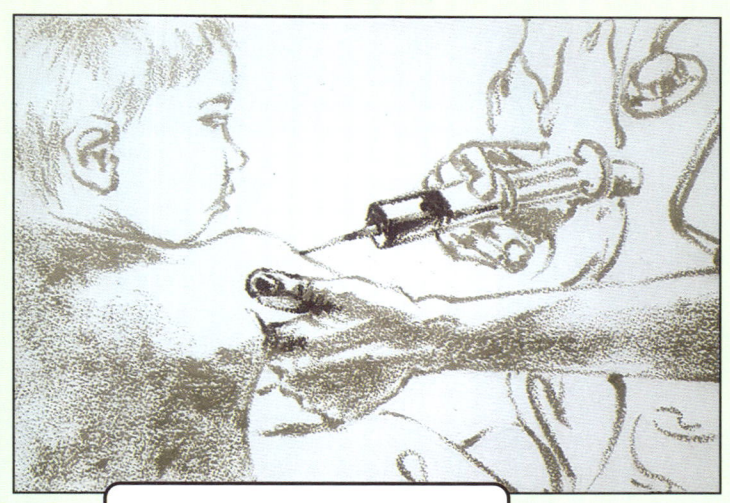

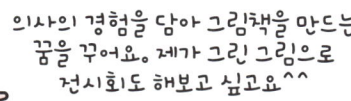
의사의 경험을 담아 그림책을 만드는 꿈을 꾸어요. 제가 그린 그림으로 전시회도 해보고 싶고요^^

10장에서는?

앞에서 하지 못한 이야기, 궁금한 이야기를 10개의 질문으로 모아봤어요. 소아과 발전의 역사부터, 우리나라 최초의 소아과 의사는 누구인지, 연봉은 얼마인지, 존경하는 의사는 누구인지도 솔직하게 대답해 주신대요.

소아과는 어떻게 발전해 왔나요?

고대부터 중세까지 소아과는 독립된 학문이 아니었어요. 인체의 질환을 다루는 과정에서 신생아나 소아와 관련된 부분에서만 단편적으로 언급되는 수준이었죠. 소아과가 의학의 한 분야가 된 것은 19세기였어요. 1802년 프랑스에서 최초의 소아 병원이 개원했고, 1852년엔 영국에서, 1855년엔 미국에서 소아 병원이 개원했죠.

알라지Al-Razi는 역사상 가장 뛰어난 의사 가운데 한 사람으로 중세 이슬람 시대를 대표하는 의사였어요. 이라크의 수도 바그다드에서 의학을 공부한 후 고향인 레이로 돌아와 병원을 열었죠. 인정이 많고 관대해 가난한 사람들을 치료하고 보살피는데 힘썼다고 해요. 그는 소아과와 안과 등의 의학 분야에 큰 업적을 남겼는데요. 특히 소아에게서 주로 발생하는 천연두와 홍역을 세계 최초로 구분했죠.

소아과의 선구자로 불리는 아브라함 자콥Abraham Jacobi은 19세기 중반에 소아 과학 전반에 대한 기틀을 다졌어요. 독일 출신인 그는 미국 뉴욕에서 1861년 소아 병원을 개원했고, 외국인으로는 최초이자 유일하게 미국 의학회 회장을 역임할 정도로 미국 의학, 특히 소아 과학 전반에 큰 영향력을 미쳤죠. 소아과 질환에 관한 최초의 책 『Bagallarder's Little Book on Disease in Children(아이들의 질병에 관한 바겔라더의 작은 책)』을 펴낸 이탈리아 의사 폴 바겔라드Paulus Bagallardus도 빼놓을 수 없겠네요.

우리나라 최초의 근대 의료기관은?
바로 제중원이에요. 여러분이 알고 있는
세브란스 병원의 전신이죠.

우리나라 소아청소년과의 역사는?

QUESTION 02

우리나라 최초의 근대 의료기관은 1885년에 세워진 광혜원이에요. 미국인 선교사이자 의사였던 호러스 알렌Horace Newton Allen이 고종에게 건의해 세웠죠. 광혜원은 문을 연 지 13일 만에 대중을 구제한다는 뜻으로 '제중원'으로 이름을 바꾸었어요. 제중원은 캐나다 출신 의사였던 올리버 R. 에비슨Oliver R. Avison이 맡아서 운영했어요. 이후 1904년 미국의 사업가 세브란스가 낸 기부금으로 새롭게 병원을 만들면서 세브란스 병원이라고 불리게 되었죠.

광혜원이 세워질 당시에는 소아과가 따로 없었어요. 하지만 당시 콜레라나 천연두와 같은 전염병이 유행하면서 소아를 대상으로 한 예방의학에 관한 관심이 높았다고 해요. 이후 1926년 올리버 R. 에비슨의 아들 더글러스 에비슨D. B. Avison이 소아과 교수로 오게 되었죠. 더글러스는 예방할 수 있는 질환에 대해 잘 알고 있으면 한국의 높은 유아 사망률을 낮출 수 있다고 생각했어요. 그러려면 먼저 의료인들이 전문적인 지식을 갖추기 위해 수련을 받아야 하고, 의료인들이 나서서 부모를 교육해야 한다고 주장했죠.

 우리나라에 소아과 전문의 제도가 시작된 건 1960년이었어요. 그전인 1945년 9월에 조선소아과학회(현재 대한소아과학회)가 창립되었죠. 그리고 2007년 3월 의료법이 개정되면서 소아과는 소아청소년과로 이름이 바뀌었어요.

우리나라 최초의 소아청소년과 의사는?

QUESTION 03

　구영숙 선생님이에요. 1892년 황해도 황주에서 태어난 선생님은 열 살이 되기 전에 고아가 되는 바람에 평양으로 가 상점의 점원으로 일하며 고학으로 학교를 다녔어요. 그러던 중 미국 하와이로 이민 가는 가족을 알게 되어 그 가족의 일원으로 함께 하와이로 떠나게 되었죠. 그곳에서 조지아주 엑스펀드대학 예과를 수료한 후 에모리대학교 의과대학을 졸업하고 스물여덟에 의사가 되었어요. 한국으로 돌아와 평양 기홀병원에서 일하던 중 세브란스 의학전문학교의 소아과학교실 책임자가 되어달라는 요청을 받았어요. 미국 인디애나폴리스대학으로 가 2년 동안 소아과를 전공하고 돌아와 의학전문학교의 초대 교수로 취임하여 학생들을 가르쳤죠. 그런데 조선총독부가 일본어로 강의할 것을 강요하자 교수직을 그만두고 서울 서대문에 구소아과의원을 개원하여 아이들을 치료했어요. 1949년에는 초대 보건부 장관에 임명되어 3년 반 동안 일했으며, 후에는 대한적십자사 총재를 맡기도 했죠.

외국의 소아청소년과와 다른 점은?

QUESTION 04

미국의 소아과는 우리나라와는 다르게 예방에 중점을 두고 진료해요. 예를 들어 기침 때문에 병원에 온 10대 환자가 있다고 해 봐요. 그러면 먼저 설문지를 통해 10대의 환자에게 있을 수 있는 문제들이 있는지 검사해요. 보통 학교 폭력이나 비만, 아동학대, 가족문제, 우울증 등 정신과 질환, ADHD 등의 문제들이죠. 문제가 있다고 파악되면 2차, 3차 병원의 전문가들과 협력해 협동 진료해요. 부모에게도 아이의 상황에 대한 설명을 충분히 하고요.

우리나라처럼 단순히 환자를 진료하고 처방하는 것에 그치지 않고 여러 방면에 걸쳐 깊게 접근하는 거죠. 대신 하루에 보는 환자 수가 우리나라에 비해 매우 적어요. 하루 동안 우리나라 의사가 100명의 환자를 본다면 미국에선 10~15명을 보죠. 적은 수의 환자를 오랜 시간 동안 진료하는 거예요. 미국은 의료비가 비싸고 의료수가 자체가 우리나라와 달라서 가능한 일이에요.

소아청소년과 의사의 연봉은?

QUESTION 05

최근 조사에 따르면 소아청소년과 전문의가 받는 연봉의 평균은 1억 875만 원이라고 해요. 이는 통계이기 때문에 실제 연봉은 의사의 경력과 근무지의 규모 등에 따라 달라요. 개원의는 병원의 운영 상태에 따라 수입이 다르고, 병원에 고용돼서 월급을 받는 봉직의는 병원의 규모에 따라 다르거든요. 또 서울보다는 지방, 특히 농어촌 지역은 의사가 부족하기 때문에 경쟁은 덜하고 연봉은 높은 편에 속해요.

다른 분야로 진출할 수 있나요?

요즘에는 의과대학을 졸업한 후에 의료전문 변호사가 되기 위해 로스쿨에 진학하거나 의료와 관련된 창업에 나서는 등 다양한 방면으로 진출해 활동하는 사람이 많아요. 그런 진로를 원하는 학생이라면 대학 생활 중에 다양한 활동을 통해 자신이 좋아하는 분야나 적성을 찾고 시야를 넓혀 나가는 것도 졸업 후 진로를 결정하는 데 도움이 될 거라 생각해요.

의사가 되면 경험을 토대로 보건복지부나 계통 기관, 보건소, 제약회사에서 일할 수도 있어요. 또 국립과학수사연구원이나 국회의원도 될 수 있고, 의학전문기자와 같은 언론이 될 수도 있죠. 의사라는 직업을 발판 삼아 본인이 관심 있는 분야로 얼마든지 진출할 수 있어요.

닮고 싶은 의사가 있다면?

 정식품을 세운 정재원 명예회장의 이야기가 저에겐 참 인상적이었어요. 홀어머니 밑에서 가난하게 자란 정 회장은 평양에 있는 의학 강습소에서 등사기를 밀어 교재를 찍는 일을 했어요. 교재를 들여다보면서 자연스럽게 흥미를 느낀 정 회장은 독학으로 의사고시를 준비했어요. 당시에는 의대에 다니지 않아도 시험만 치르면 의사 자격증을 딸 수 있었거든요. 1937년 만 19세에 의사가 되어 서울성모병원의 의사가 되었어요.

 소아과의사로 근무할 때 뼈가 앙상하고 배만 볼록 솟아오른 갓난아기 환자가 병원에 왔어요. 소화불량이었던 아이는 치료 방법도 찾지 못하고 죽고 말았죠. 이후에도 같은 증세를 보이는 아이들이 병원에 왔다가 죽는 일이 많았어요. 이를 안타까워하던 정 회장은 43세의 늦은 나이에 아이들이 아픈 이유를 찾기 위해 유학을 떠났어요. 그리고 1964년 미국 샌프란시스코의 UC 메디컬센터 도서관에서 소아과 교재를 읽다가 '유당불내증'을 찾아내고 아이들이 죽어간 이유를 마침내 찾아냈죠. 유당불내증은 우유나 모유의 유당을 분해하는 효소가 부족한 사람들에게 나타나는 증상이에요. 이 효소가 없는 신생아는 모유나 우유를 소화하지 못하고 영양실조로 죽고 말죠.

한국으로 돌아온 정 회장은 우유를 대신할 먹을 것을 찾다가 어린 시절 어머니가 끓여주시던 콩죽이 생각났어요. 콩죽은 우유처럼 영양소는 많이 있지만 유당이 없어요. 정 회장은 소아과를 운영하면서 아내와 함께 콩을 이용한 제품을 연구한 끝에 두유를 개발했죠. 설사병에 걸린 신생아들이 두유를 먹고 눈을 뜨고 기력을 차린 순간이 정 회장에게는 인생에서 최고로 기뻤던 순간이라고 해요.

아이들의 설사병을 잘 고친다는 소문을 듣고 전국에서 환자들이 찾아오자 정 회장은 1973년 정식품이라는 회사를 차려서 두유를 대량 생산하게 되었어요. 이렇게 해서 만들어진 두유는 식물(Vegetable)과 우유(Milk)를 합쳐 베지밀이라는 이름을 붙였죠.

지금은 돌아가셨지만 정 회장은 70대까지도 콩 관련 학회에서 영어로 논문을 발표하고, 100세가 될 때까지도 자기 계발을 게을리하지 않았어요. 저는 환자를 위한 사명감을 가지고 끊임없이 연구하며, 나이가 들어도 주변과 타협하기보다는 신념을 갖고 계속해서 도전했던 정재원 회장의 모습을 본받고 싶어요. 마지막으로 정재원 회장의 인터뷰에서 읽었던 인상적인 문구 하나를 소개할게요.

"금수저나 흙수저라는 단어가 유행이 된 이후 자신이 흙수저임을 한탄하는 청년들을 바라볼 때마다 안타깝습니다. 타고난 금수저나 흙수저는 없어요. 뜻을 세우고 굽히지 않으면 길이 생기고, 소원은 이루어집니다. 현실에 안주하는 무기력한 삶을 살기보다는 끊임없이 도전해서 스스로 운명을 개척해나가야 합니다. 지금 힘들어도 좌절하지 마세요."

기억에 남는 책은?

　학창 시절엔 『닥터스』라는 책의 로라나 영화 <시티 오브 조이>, <패치 아담스>의 주인공이었던 맥스와 헌터가 선망의 대상이었어요. 정의롭고 따뜻한 이상적인 사람들이잖아요. 그때는 의사가 될 마음이 없어서 동경하기만 했죠.

　전공의 4년을 마치고 난 후 아툴 가완디의 『나는 고백한다, 현대의학을』이라는 책을 읽게 되었어요. 의사가 현대의학의 한계를 고백한 책이라 인상적이었죠. 의사도 언제나 잘못을 저지를 수 있는 위험이 있다는 지적이었어요. 그는 오히려 의사의 한계를 인정해야만 의사와 환자 사이에 새로운 믿음이 만들어질 수 있다고 주장했죠. 내가 알고 있는 지식이 언제나 완벽할 수는 없다는 걸 잊지 않아야겠다고 다짐했어요.

개원의가 되는 방법은?

QUESTION 09

개원의란 본인 이름으로 의원이나 병원을 설립하고 직접 운영하는 의사를 말해요. 일반의가 운영하는 의원급은 보건소에 개설신고를 하고, 전문의가 운영하는 병원급은 개설허가를 받아요. 개원하려는 병원에 X-ray나 CT, 골밀도측정기 등과 같은 진단용 방사선 발생 장치가 있는 경우라면 의료기기의 설치 및 사용에 대한 부분도 추가로 신청하고요. 병원 인테리어를 마치고 나면 사업자등록을 하고 진료비 결제를 위한 현금영수증 및 카드 단말기를 설치하죠. 마지막으로 의료보험 환자와 의료보호환자에 대한 의료급여를 국민건강보험공단에 청구하여 받기 위해 요양기관 개설신고를 하고요.

일반의는 'OO의원' 간판만 사용할 수 있고 진료과목에 소아청소년과나 내과 등을 넣을 수 있어요. 전문의는 진료과목을 간판으로 달아 'OO소아청소년과'라고 할 수 있고요.

저출산에 따른 영향이 있나요?

QUESTION 10

저출산 문제가 예상보다 훨씬 빠른 속도로 진행되고 있어요. 2010년에 통계청은 50년 후 출생아 수가 28만 명이라고 예상했지만, 벌써 26만 명으로 줄었어요.

경제협력개발기구(OECD) 38개 회원국 가운데 합계출산율은 OECD 평균인 1.61명의 절반에 불과해요. OECD 국가 중 1명을 밑도는 국가는 한국이 유일하다고 하고요.

환자 수는 줄어들 수 밖에 없는 상황인데, 소아청소년과 진료는 기본적으로 의료수가가 낮아요. 성인 환자에 비해 진찰, 처치 등 진료 보조 인력이 더 필요하고, 육아 등에 관련한 질문으로 상담 시간이 더 긴데도 병원 운영비 부담은 커지고, 하루에 볼 수 있는 환자 수도 많지 않고요. 이런 모든 상황들이 소아청소년과 운영을 더욱 어렵게 만들고 있어요.

11장에서는?

환자가 병원에 들어왔을 때부터 나갈 때까지 의사는 환자의 상태와 진찰 과정, 처방한 내용을 꼼꼼히 적어서 보관해야 해요. 이 장에서는 진료 기록부 작성 방법과 응급상황에 대처하는 방법, 예방접종의 종류에 대해서도 알아보아요.

진료 기록부는 꼼꼼히 작성해요

의사는 환자의 진료 기록부를 작성해요. 진료 기록부란 의사가 진료한 결과를 적은 것으로 환자의 병력과 진료 소견, 치료 내용 등이 기록되어 있죠. 필요한 내용을 위주로 기록하되 문제 사항도 빠짐없이 기록해요. 나중에 법적 자료로 활용될 수 있어 매우 중요하거든요. 의사는 자신이 작성한 진료 기록을 10년 이상 보존할 의무가 있어요. 법에서 정한 보존 기간은 10년이지만 대다수 병원은 영구 보존하고 있어요. 진료 기록부에 어떤 항목이 있는지 알려드릴게요.

#진료 기록부 구성 항목

01. 날짜, 나이, 성별, 주소, 주민등록번호, 보험 기호, 피부양자 성명, 소속 및 근무처와 같은 개인 신상정보

02. Chief Compleints (주 증상 혹은 주 호소)

환자가 진료를 받으러 오거나 입원했을 때 의료진이 제일 먼저 물어보는 말은 가장 아픈 부위가 어디인가예요. 어디가 아프냐고 물어봤을 때 배가 아프다고 한다면 배가 아픈 것이 주 호소가 되는 것이죠. 그리고 아픔이 언제부터 시작되었고, 어떻게 아픈지, 심하게 아프기 시작한 시간은 언제인지, 아픔이 지속되는 시간은 얼마인지 등을 묻고 기록해요.

03. Present Illness (현재 병력)

의사가 환자에게 언제부터 아팠는지, 다친 것인지 혹은 사고에 의한 것인지 등 어떻게 증상이 나타나게 되었는지 묻는 부분이에요.

04. Past History (과거 병력)

환자가 과거에 걸렸던 질병이나 치료법에 관한 정보를 묻고 기록해요. 기관지염, 중이염, 장염 같은 일반적인 질병은 기록하지 않아요. 과거에 수술한 적이 있었는지, 현재 고혈압이나 당뇨, 심장질환 같은 기저질환을 앓고 있는지 등을 자세히 묻고 기록하죠. 또 약물에 대한 부작용이 있는지, 특정 음식이나 물건에 알레르기 반응이 있는지도 확인해요.

05. Family History (가족력)

가족 중 특정한 질병이 있는 경우 이를 가족력 질환이라고 해요. 본인을 중심으로 직계 3대의 병력을 확인해서 두 명 이상이 같은 질병이 있을 경우 가족력이 있다고 판단하죠. 이는 질병을 미리 예측하거나 진단하고 예방하는 데 도움이 되기 때문에 중요한 의미가 있어요.

06. Review Of System (계통별 문진)

환자의 증상에 대해 연관된 기관의 의견을 청취하는 것을 말하며 징후를 간과하지 않기 위해 실행해요.

응급상황엔 이렇게 대처해요

소아들의 대표적인 응급처치로는 기본소생술 과정과 이물에 의한 기도 폐쇄 시 응급처치 방법이 있어요.

기본소생술

호흡이 없거나 껄떡거리는 상태의 심정지 호흡을 보일 경우 기본소생술을 시행해요. 가장 먼저 호흡과 맥박을 동시에 확인하고 가슴을 압박해요. 소아의 경우 가슴뼈의 아래쪽 1/2지점을, 영아의 경우 젖꼭지 연결선 바로 아래의 가슴뼈 부위를 압박하면 돼요. 가슴 두께의 최소 1/3 이상을 분당 100회에서 120회 압박하고요. 구조자가 1인인 경우 가슴 압박을 30회 한 후 인공호흡을 2회 실시하며, 구조자가 2인인 경우에는 가슴 압박을 15회 한 후 인공호흡을 2회 실시하죠.

#이물에 의한 기도 폐쇄

흔히들 질식이라고 알고 있는 이물에 의한 기도 폐쇄는 우리 주변에서 종종 일어나는 상황이라 미리 알아두면 도움이 돼요.

　영아는 주로 액체 성분을 입으로 빨아들이다 질식할 수 있고, 소아는 풍선이나 작은 물건, 음식물 등에 의해 질식하는 경우가 많아요. 이물에 의해 기도가 막히면 호흡곤란과 기침, 구역질, 그렁거림과 같은 소리가 나타나요. 심하면 기침도 못 하고 소리도 내지 못해요.

　이때 1세 이상 소아의 경우 가로막 아래 복부 밀어내기 방법을, 영아의 경우 5회 등 두드리기와 5회 가슴 밀어내기 방법을 실시해요. 영아는 갈비뼈가 약해 장기를 보호하지 못하고 간이 크기 때문에 복부 밀어내기 방법을 사용할 경우 장기 손상이 올 가능성이 있어 실시하지 않아요.

　아이가 반응이 없거나 이물을 제거하는 도중에 반응이 없어졌다면 심폐소생술을 해요. 가슴 압박 후 인공호흡을 하기 전에 입안을 들여다보고 이물이 보이면 손가락으로 이물을 꺼내요. 입안에 이물이 보이지 않는다면 손가락을 넣어 이물을 빼내려고 하면 안 돼요. 이런 행위는 이물을 더 깊게 밀어 넣거나 인두에 손상을 줄 수 있기 때문이죠. 두 번의 인공호흡 후 이물이 제거될 때까지 가슴 압박과 인공호흡 과정을 반복해요.

신생아와 소아의 예방접종 일정표

  대한민국의 만 12세 이하 어린이라면 감염병 예방을 위해 꼭 필요한 예방접종 서비스를 가까운 의료기관에서 무료로 받을 수 있어요. 예방접종 일정표에 따라 아이의 개월 수에 맞게 순차적으로 예방접종을 하면 되죠. 접종은 보건소와 의료기관에서 할 수 있고요. 아이들이 초등학교에 입학할 때 예방접종 기록이 필요하니 잊지 말고 챙겨야 해요.

신생아와 소아의 예방접종 일정표

나이	예방접종 종류	참고사항
0~4주	결핵(BCG 피내용)	생후 4주 이내 접종
0~6개월	B형 간염	3회 접종(0, 1, 6개월)
2~15개월	뇌수막염(Hib)	3회 접종(2, 4, 6개월), 추가접종(12~15개월)
2개월~만 6세	소아마비(폴리오)	3회 접종(2, 4, 6개월), 추가접종(만 4~6세)
2~59개월	폐렴구균(단백결합백신 10가, 13가)	3회 접종(2, 4, 6개월), 추가접종(12~15개월)
2개월~만 12세	디프테리아 / 파상풍 / 백일해(DPT)	3회 접종(2, 4, 6개월), 추가접종(15~18개월, 만 4~6세, 만 11~12세)
2개월~만 6세	디프테리아 / 파상풍 / 백일해 +폴리오(콤보 백신)	3회 접종(2, 4, 6개월), 추가접종(만 4~6세)
12~15개월	수두	1회 접종(12~15개월), 추가접종(만 4~6세)
12~15개월	홍역 / 유행성이하선염 / 풍진(MMR)	1회 접종(12~15개월), 추가접종(만 4~6세)
12~35개월	일본뇌염(생백신)	1회 접종(12~24개월), 추가접종(12개월 후)
12개월~만 12세	일본뇌염(사백신)	3회 접종(12~36개월), 추가접종(만 6세, 12세)
6개월~만 4세	인플루엔자	우선 접종 권장 대상자
24개월~만 12세	장티푸스	고위험군에 한하여 접종

초등학생의 진로와 직업 탐색을 위한 잡프러포즈 시리즈 22

소아청소년과 의사는 어때?

2025년 7월 1일 | 초판 2쇄

지은이 | 최민정
펴낸이 | 김민영
펴낸곳 | 토크쇼

편집인 | 박성은
표지디자인 | 이희우
본문디자인 | 스튜디오제리
홍보 | 이예지

출판등록 | 2016년 7월 21일 제 2023-000173호
주소 | 서울시 마포구 월드컵북로98, 2층 202호
전화 | 070-4200-0327
팩스 | 070-7966-9327
전자우편 | myys327@gmail.com
ISBN | 979-11-92842-20-2(73190)
정가 | 15,000원

이 책의 저작권은 저자와 출판사에 있습니다.
서면에 의한 저자와 출판사의 허락 없이 책의 전부 또는
일부 내용을 사용할 수 없습니다.